Le Château d'Uora.

Le Château d'Eau.

LE CHATEAU D'ACRA,

DRAME EN TROIS ACTES,

AVEC DES CHOEURS.

LE
CHATEAU D'ACRA,

DRAME EN TROIS ACTES,

avec des chœurs.

COMPOSÉ

PAR LES ÉLÈVES DE PHILOSOPHIE

de l'Institution de M. l'abbé Poiloup.

ANNÉE 1844.

IMPRIMÉ ET VENDU AU PROFIT DES PAUVRES

DE VAUGIRARD.

PERSONNAGES.

THOMAS NICÉPHORAS, seigneur grec, maître d'Acra, en Albanie.

MANUEL,
GEORGES, } fils de Nicéphoras.
ANDRÉ,

DÉMÉTRIUS, moine grec, gouverneur de Georges et d'André.

MUSAKI, envoyé de Scanderbeg.

HASSAN, parlementaire turc.

THÉODORE, écuyer de Manuel.

Solats turcs de la suite d'Hassan.

Soldats grecs du château d'Acra.

Choeur de jeunes Albanais.

LE CHATEAU D'ACRA.

DRAME HISTORIQUE.

ACTE PREMIER.

L'action se passe en 1453, au moment de la prise de Constantinople par Mahomet II. — Le théâtre représente une plate-forme du château d'Acra, situé sur une hauteur, près du lac d'Ochrida, en Albanie. A gauche, on aperçoit le château, avec une porte ouvrant sur la plate-forme. A droite, la plate-forme se prolonge hors de la scène jusqu'au pont-levis qui donne accès au château. Au fond de la scène, en perspective, le lac et des villages incendiés.

SCÈNE I.

LE CHOEUR.

Nous voici enfin arrivés sur la cime de la montagne, sur la plate-forme de l'antique château d'Acra, demeure hospitalière. Nous avons facilement franchi l'enceinte qui le protège ; car les portes en sont toujours ouvertes aux malheureux.

Sur la crête de la montagne d'Acra cette noble demeure s'élève, redoutable pour l'ennemi, mais toujours secourable pour les tristes enfants de l'Albanie. C'est vers elle que nous levons les yeux, que nous tendons les bras ; c'est d'ici que nous descend le secours..

Cette nuit, hélas ! le secours n'a pu nous arriver...

O nuit terrible, nuit funeste, qui nous a vus chassés de nos pauvres chaumières.

Enfants de l'Albanie, nous fuyons devant le Turc armé du fer et de la flamme. Maintenant que nos pères valeureux ont péri sous les premiers coups, que nos frères aînés sont tombés comme le jeune épi moissonné par la faulx avant la maturité, nous, orphelins, abandonnés, nous fuyons aux montagnes. Le Turc a envahi nos villages ; son glaive a tout dévoré, pendant que la nuit nous enveloppait de son ombre...

Nuit fatale, nuit désastreuse ! Enfin le soleil se lève de l'autre côté du lac... Hélas ! c'est pour éclairer des ruines ! Voyez, enfants, ces nuages de fumée qui s'élèvent encore ; voyez comme les décombres entourent tristement notre beau lac d'Ochrida, que paraient hier, ainsi qu'une riante ceinture, la riche Istarda, féconde en oliviers, Bograd, où s'abritent les barques de nos pêcheurs; Strougah, dont la Mathia arrose les fertiles prairies... Maintenant ses eaux ne reflètent plus que des débris fumants. Apercevez-vous d'ici ces flots de sang qui ont rougi la grève, et qui se sont mêlés toute la nuit aux flots limpides du lac ? Hélas ! faut-il que l'image de nos malheurs nous poursuive partout.

O ma patrie ! déplorable Albanie ! que de maux ont fondu sur toi, depuis que la race sanguinaire d'Osman est venue porter la désolation dans nos riches contrées, et a dévoré, comme un incendie, le vaste empire de Byzance !...

La guerre a couvert la plaine, comme d'un réseau sanglant; mais au sommet des montagnes, on respire encore l'air de la liberté. Un vieux guerrier, le vaillant Thomas, le héros de Philadelphie, protège ces lieux; mais ses bras affaiblis démentent, malgré lui, le courage de son âme. Son fils aîné, le brave Manuel, est resté avec les défenseurs de Byzance. Thomas n'a près de lui qu'un petit nombre de serviteurs fidèles, et ses deux autres fils, qu'un vieillard son ami, le sage Démétrius, forme aux lettres, sous ses yeux, et dont le bras n'est point accoutumé à manier les armes pesantes.

Échapperons-nous à notre funeste sort? Le Turc, insatiable de victimes, ne viendra-t-il pas jusqu'ici assiéger nos montagnes? Je tremble à cette pensée. Mes amis, notre plus sûr refuge est au ciel; invoquons le dieu des armées, le Dieu de nos pères, pour qu'il brise le cimeterre de nos ennemis, qui sont aussi les siens.

CHOEUR, *chanté*.

Toi que je révère,
Entends ma prière,
O Dieu tutélaire;
Viens, dans ta bonté,
Sauver l'innocence;
Et que ta puissance
Un jour récompense
L'hospitalité.

Mon Dieu, de tes bontés conserve la mémoire,
Et prends pitié de nos malheurs;
En nous sauvant, tu vengeras ta gloire;
Ils sont tes ennemis, nos lâches oppresseurs.
Toi que je révère, etc.

SCÈNE II.

LE CHOEUR, NICÉPHORAS.

NICÉPHORAS.

Enfants, j'ai entendu vos chants de tristesse; je vois l'inquiétude sur vos fronts. Quel malheur nouveau vous menace? car, sans doute, aucun ne vous a frappés. Ce château est une sentinelle qui veille pour vous défendre; et, vous le savez, mon bras est toujours là pour repousser les premiers coups.

LE CHOEUR.

O le plus généreux des protecteurs, nous le savons, tu ne nous as jamais manqué dans le besoin. La vieillesse n'a pu encore triompher de ta bravoure, et les Turcs n'avaient jamais surpris ta vigilance.

NICÉPHORAS.

Qu'entends-je?.. Vos paroles éveillent mes soupçons; aurais-je un reproche à me faire? l'ennemi m'aurait-il surpris, cette fois?

LE CHOEUR.

L'œil le plus vigilant pouvait-il percer les horribles ténèbres de cette nuit? Le cri de notre détresse n'a pas eu le temps de monter jusqu'à toi ; car l'ennemi nous a frappés plus prompt que la foudre.

NICÉPHORAS.

Que dites-vous? les Turcs ici? Courons les repousser.

LE CHOEUR.

Hélas ! il n'est plus temps ; ils ont tout détruit, tout enlevé ; tu n'as plus rien à défendre. Jette les yeux sur les bords du lac ; vois, tout fume encore ; ta noble demeure est maintenant la seule qui soit debout dans toute la contrée.

NICÉPHORAS.

Les lâches !

LE CHOEUR.

Ils n'avaient cette fois que des femmes et des enfants à égorger, et ils ont attendu l'heure du sommeil !

NICÉPHORAS.

Oui... c'en est fait ! les voilà maîtres de la campagne.

LE CHOEUR.

Et ces hauteurs inaccessibles jusqu'ici, ne seront peut-être pas longtemps à l'abri de leur fureur.

NICÉPHORAS.

Savez-vous qui marche à leur tête? Quel est leur nombre? Comment ont-ils réussi à surprendre le pays?

LE CHOEUR.

Pour le nombre, je ne sais que te répondre ; car nous les trouvions partout sur nos pas, pillant et égorgeant. A en juger par l'étendue des désastres et par la multitude que l'on aperçoit encore dans la campagne, ils sont venus, cette fois, plus nombreux que jamais.

NICÉPHORAS.

Mais par qui sont-ils conduits? Paraissent-ils avoir un chef et suivre une discipline?

LE CHOEUR.

Nous ne savons ce qui s'est passé dans les autres villages ; mais dans Istarda, où nous avions tous nos demeures, avant de nous attaquer, on les a vus courir droit au temple du Seigneur. A leur tête s'avançait un homme qui semblait animé d'une fureur impie. Sa main était armée de la flamme. En quelques instants, le feu a dévoré le temple sacré... On dit que c'est un renégat... Du temple, la flamme s'est étendue aux demeures voisines... Nous n'avons échappé qu'avec peine au massacre.

NICÉPHORAS.

Un renégat... Leurs ravages ne s'arrêteront pas là; ils viendront nous disputer ce dernier asile.

Infortunés, soyez les bienvenus. Puissent ces remparts où s'abrite ma vieillesse après une vie orageuse, protéger aussi votre enfance... Rassurez-vous. Ce bras n'a pas perdu toute sa vigueur; il leur est encore redoutable; ils en ont plus d'une fois senti les coups; et ils savent que ces murs ne sont pas faciles à emporter. Cependant il est bon de songer à la défense; nous allons encore une fois préparer tout pour la guerre.

LE CHOEUR.

Voilà tes fils, avec le sage Démétrius, leur gouverneur; ils viennent sans doute t'offrir le salut du matin et les vœux de la piété filiale; ils ne savent pas encore quels malheurs nous ont accablés.

SCÈNE III.

LES PRÉCÉDENTS, GEORGES, ANDRÉ, DÉMÉTRIUS.

GEORGES.

Mon père, nous venons à vous pleins de trouble et d'inquiétude. Qu'est-il donc arrivé cette nuit? tous vos serviteurs sont en alarme... Vous-même, vous paraissez ému. Et ces enfants... pourquoi, de si grand matin, ont-ils quitté les bords du lac?

NICÉPHORAS.

Vous serez bientôt instruits; Démétrius, tu l'es déjà, sans doute... Jeunes enfants, après une pareille nuit, vous devez sentir le besoin de réparer vos forces épuisées; entrez quelques instants dans le château; j'irai bientôt vous y rejoindre...

(Le Chœur sort.)

O mon ami, ô mes enfants, que le ciel nous protége! Les ressources du château sont faibles; mais enfin ne désespérons pas; je cours donner mes ordres. O mon Dieu, s'il est vrai que cette épée fut toujours vouée à la défense de ton Église et de ta foi, ne m'abandonne pas; soutiens un des derniers défenseurs de ton nom; sois la force de ces remparts, et que jamais le Turc ne profane cette terre de son odieuse présence. Voyez, mes enfants, ce qu'a fait une seule nuit de nos riches campagnes.

GEORGES.

O mon frère!

ANDRÉ.

Quel horrible spectacle!

NICÉPHORAS.

Je vous laisse en présence de ces ruines...

(Il sort.)

SCÈNE IV.

GEORGES, ANDRÉ, DÉMÉTRIUS.

ANDRÉ.

Ils ont tout détruit.

GEORGES.

Mon père n'a donc pu porter aucun secours?

ANDRÉ.

Il nous avait dit si souvent que tant que son château serait debout, les Turcs n'oseraient piller la contrée.

DÉMÉTRIUS.

Il ne vous a pas trompés, mes enfants. Vous le savez, après avoir en vain défendu Philadelphie contre un lâche empereur qui la demandait au nom du sultan, votre généreux père, disgracié pour sa fidélité et son dévouement à Dieu et à la patrie, s'est volontairement relégué dans ce dernier asile. Depuis dix ans sa vieillesse est restée le plus sûr rempart de ce débris de l'empire; et quoique nos ennemis croissent chaque jour en nombre, jusqu'ici le château avait sauvé tous ses alentours; mais enfin, la lâcheté d'une surprise nocturne nous a mis en défaut, et leur a tout livré.

ANDRÉ.

Tout, jusqu'au pied de la montagne.

GEORGES.

Serions-nous à la veille de notre ruine? Démétrius, qu'allons-nous devenir?

ANDRÉ.

Je comprends maintenant l'inquiétude et l'agitation de mon père.

DÉMÉTRIUS.

Oui, mes enfants, nous voici menacés de plus près; Dieu seul connaît ce que nous réserve l'avenir.

GEORGES.

Mais, après tout, mon père, les Turcs ne sont pas encore nos maîtres.

DÉMÉTRIUS.

Vous venez de l'entendre; nos ressources sont bien faibles. Eh! combien de temps pensez-vous que tiendra cette chétive place, au milieu d'un pays maintenant subjugué?

GEORGES.

Ravagé, mon père, mais non subjugué. Nos ennemis ne sont que des brigands, sans chef et sans aveu.

DÉMÉTRIUS.

Georges, ce sont ces brigands qui, depuis près de deux siècles, se sont emparés peu à peu de l'empire entier.

GEORGES.

Je le sais ; vous nous avez souvent représenté notre patrie comme un corps usé par l'âge, et qui chancelle sous des coups redoublés. Mais toute la vie ne s'est pas retirée ; tant que le cœur bat, il faut continuer d'espérer. Constantinople est debout, et le bras de Dragasès ne se lasse pas. Pour moi, j'espère toujours, quand je vois ces flots de barbares se briser, impuissants, depuis sept semaines, au pied de nos remparts.

DÉMÉTRIUS.

Oui, le dévouement de Constantin m'est connu ; mais je songe avec effroi qu'il a affaire à Mahomet. Malheur à celui dont l'opiniâtre sultan a juré la perte !

GEORGES.

D'autres que lui avaient juré la ruine de Byzance. Vingt-neuf fois elle a triomphé par la force de sa position et la bravoure des Grecs. La mer la défend de trois côtés, et l'ennemi qui l'attaque aujourd'hui est sans expérience de la mer. Tous les jours le siége devient plus pénible aux assiégeants. Mahomet, d'ailleurs, brûle de venir châtier le brave Scanderbeg, le nouveau prince élu par nos Albanais. Hunyad l'occupe aussi sur la frontière de Hongrie. Et puis, l'Occident ne s'émeut-il pas à la voix du souverain pontife ? l'Europe qui lui est si dévouée, cette noble France surtout, qu'il appelle sa fille aînée, seront-elles sourdes à sa voix? Les chevaliers français ont-ils oublié la route de l'Orient? ne se souviennent-ils plus que Dieu leur a confié le soin de repousser l'islamisme?

ANDRÉ.

Tu t'abuses, Georges. L'anathème du ciel pèse sur Constantinople. Ce n'est pas Mahomet qui est son plus grand ennemi ; c'est le vengeur qui est au ciel.

GEORGES.

André, c'est toujours là ton langage.

ANDRÉ.

Plût à Dieu que ce fût une erreur de mon imagination! Mais quand je me rappelle que notre histoire est une suite de révoltes contre l'Église de Dieu, et qu'à chaque défection nouvelle un lambeau de notre empire a été arraché ; quand je vois qu'il ne lui reste plus que Constantinople, assiégée depuis un demi-siècle, bien avant que Mahomet fût au pied de ses remparts ; quand je pense qu'après de vains essais de réconciliation, elle persiste plus que jamais dans son schisme coupable, je la crois abandonnée du ciel. Le Turc, en suivant son ambition, ne sait pas qu'il est le fléau de Dieu.

DÉMÉTRIUS.

Les pensées de Dieu sont au-dessus de nos pensées, mes enfants, et les desseins de sa providence restent impénétrables jusqu'à la fin. Cependant, il nous permet de lire dans l'histoire la marche de ses conseils. A voir cet esprit de zèle religieux, cet indomptable courage, cette généreuse ardeur qui arrachèrent jadis l'Europe à ses foyers pour l'opposer à l'ennemi du nom chrétien, sans doute, Georges, on pourrait croire qu'il reste encore sous la cendre une étincelle du feu sacré des croisades. Et pourtant, on voudrait en vain se le dissimuler, ce n'est plus là qu'un souvenir; d'autres intérêts préoccupent maintenant les princes et les chevaliers; ce n'est plus pour établir l'empire du ciel qu'ils s'agitent, c'est pour assurer leur fortune d'ici-bas. L'Angleterre, en proie aux factions, n'a, depuis longtemps, d'énergie que pour les guerres civiles. L'Allemagne a épuisé ses forces dans des guerres religieuses qui semblent loin d'être arrivées à leur terme; elle n'a d'ailleurs pour la gouverner qu'un empereur indolent qui s'endort sur le trône. Les princes et les peuples de l'Italie ne servent plus que leur ambition ou un intérêt sordide; Venise et Gênes nous défendent ou nous trahissent selon le besoin de leur commerce. L'héroïque Espagne lutte depuis quatre siècles contre l'islamisme; elle n'a pas encore achevé d'affranchir la terre sacrée qu'elle arrache pied à pied aux ennemis de la croix. Un dernier espoir nous restait, la France, la noble France, toujours la première à prendre les armes, la dernière à les déposer... Depuis un siècle elle dispute à l'étranger son sol et sa liberté... Et pourtant elle a su trouver naguère encore de généreux soldats pour repousser le fléau qui nous poursuit. Mais le sort a trahi leur courage ; la plaine de Varna vient d'ensevelir avec eux nos dernières espérances. Ainsi le ciel semble se déclarer contre nous.

Enfants, je ne voudrais pas vous défendre toute confiance ; mais il ne faut rien attendre des hommes.

Du reste, il est temps de songer sérieusement à l'avenir que le ciel vous destine. Le sol tremble partout sous nos pieds ; s'il fallait quitter la patrie, si l'exil vous était réservé...

GEORGES.

Quoi, mon père, l'exil ? déjà vous parlez d'exil ? la patrie est si douce ! on y respire un air si pur ! malgré les orages qui grondent autour de nous, nous y avons coulé des jours si calmes, si pleins de bonheur ! Oh ! laissez-moi croire que nous ne la quittons pas encore !...

ANDRÉ.

Georges, mon cœur éprouve comme le tien le besoin d'aimer ces lieux, où s'est écoulée notre enfance. Mais je me confie en celui qui nous a donné tous ces biens ; quel que soit l'arrêt de sa providence, rappelons-nous, mon frère, que la patrie est là où Dieu nous veut. S'il faut faire un plus grand sacrifice, s'il faut quitter notre père, s'il doit, pendant que nous fuirons, rester ici enchaîné par son devoir, nous emporterons son souvenir comme une consolation, comme un soutien de notre vertu : car nous serons éprouvés ; il faut nous y attendre.

DÉMÉTRIUS.

Quoi qu'il arrive, enfants, vous resterez dignes de votre père ; vous, André... Mais, le voici qui vient à nous.

SCÈNE V.

Les précédents, NICÉPHORAS.

NICÉPHORAS.

Eh! bien, mes enfants, vous êtes-vous rassasiés du spectacle de nos malheurs?

ANDRÉ.

Mon père, il est horrible à contempler ; jamais je n'avais vu de si près la férocité de nos ennemis ; notre perte est certaine. Sur quel avenir pouvons-nous compter maintenant? La solitude s'est faite autour de nous, et nous voilà isolés au milieu des ruines.

GEROGÈS.

Quoi, André, tu perds courage? mais n'avons-nous pas notre père et ces murs pour nous défendre? Rien n'est perdu, n'est-il pas vrai, mon père? Nous sommes ici dans l'Acropolis, sur la roche Tarpéienne ; les Turcs ne viendront pas nous y insulter, ou s'ils l'osent, nous les précipiterons.

NICÉPHORAS.

Ton cœur et ton esprit sont bien jeunes, mon fils ; tu es heureux de penser ainsi ; la jeunesse est féconde en illusions, et l'illusion retarde le malheur.

GEORGES.

André aurait-il raison, mon père? Serions-nous déjà à la merci de l'ennemi?

NICÉPHORAS.

Non; nous pouvons compter sur quelques heures de sécurité : je viens de mettre tout en ordre dans le château ; nos fidèles serviteurs sont à leur poste; les ponts sont levés ; nos murs peuvent encore soutenir l'assaut. Je me suis assuré de tout.

GEORGES.

Eh bien, mon père, pourquoi ces regards abattus? pourquoi vos yeux ne brillent-ils plus de ce feu des batailles, qui les anime si souvent? Le château peut tenir, et le courage de ses défenseurs est à l'épreuve.

NICÉPHORAS, pensif.

Oui... trente hommes pour nous défendre, et un vieillard octogénaire pour les commander...(*moment de silence*) trente hommes, restes épuisés de tant de glorieux assauts; un vieillard, les restes aussi d'un brave guerrier, du défenseur de Philadelphie ! Ah ! j'étais jeune alors, quand je refusai de la rendre à deux empereurs, vils mercenaires du sultan ; la force seule triompha ; nous fûmes engloutis sous une armée de Turcs et de traîtres qui les menaient à l'assaut. J'étais jeune alors ; mais, je le sens, mes enfants, chaque effort que je fais pour ressaisir ma jeunesse l'éloigne d'avantage. Du moins, un dernier rayon d'espoir nous resterait, si nous avions ici votre frère. Manuel, mon fils, que n'es-tu auprès de nous ! Tu as hérité maintenant de ma vigueur, noble enfant ! loin de nous, sur les murs de Byzance, tu ne sais pas que le jour du péril est déjà venu pour ta famille. Ah ! tu serais accouru, pour soutenir le bras défaillant de ton père. Avec toi je ne redouterais point une armée, car je revis en toi. Mais non, ne regrettons pas sa présence. Si nous sommes au jour du péril, lui, il est au poste de l'honneur. Reste, généreux Manuel, tu défends pour moi Byzance et le tombeau de mon épouse ; tu ne dois pas abandonner les restes de ta patrie et les cendres de ta mère.

GEORGES.

Mon père, vous semblez oublier que vous revivez en nous aussi.

ANDRÉ.

Trouvez-vous nos bras trop faibles pour porter les armes ?

NICÉPHORAS.

J'aime à reconnaître mon sang dans cette précoce ardeur. Mais vos études ne vous ont jusqu'ici for-

més que pour la paix. Laissez croître vos forces ; laissez grandir vos bras pour la guerre. Plus tard, quand je ne serai plus, vous viendrez consacrer à notre foi vos armes sur ma tombe, et, plus vigoureux alors, vous les relèverez pour défendre la patrie, pour la venger peut-être !... Plus heureux que moi, je vous souhaite de lui faire des jours meilleurs. Aujourd'hui, c'est encore à moi de combattre ; et s'il le faut, après avoir pourvu à votre sûreté, mes enfants, je m'ensevelirai sous les ruines de ce château.

DÉMÉTRIUS.

Pensez-vous donc que les Turcs songent à nous attaquer prochainement ?

NICÉPHORAS.

Ils deviennent de plus en plus nombreux. Ils ne fuient plus comme à l'ordinaire les lieux qu'ils ont ravagés. Rien, cependant, n'indique, en ce moment, d'intention hostile de leur part ; mais le château domine la plaine et n'échappera pas à leurs regards. J'espèrerais encore, si, du côté du Bosphore, l'horizon ne s'assombrissait pas de jour en jour, si notre magnanime empereur résistait aux derniers assauts. Mais tout porte à croire qu'ils seront terribles, et Constantinople a si peu de défenseurs ! Si elle tombe, les premiers coups nous frappent ; car, vous le savez, nous sommes sur la frontière de l'empire ennemi, aux portes des provinces déjà conquises. Alors, mes enfants, il faudra nous séparer... Je vous l'ai déjà dit, je ne veux pas exposer inutilement votre jeune âge aux horreurs de la guerre. Moi, mon devoir m'enchaîne ici; vous, la terre hospitalière, la terre chrétienne vous réclame. L'Italie, pour vous, remplacera la Grèce. Votre exil sera long. Peut-être ne vous sera-t-il pas donné de revenir sur le sol de la patrie; peut-être même qu'il n'y aura plus de patrie pour ceux qui vont nous remplacer.

SCÈNE VI.

Les précédents, LE CHOEUR.

LE CHOEUR.

Seigneur, tu nous vois pleins d'effroi. Du haut des tours on vient de signaler un homme qui demande qu'on lui abaisse le pont-levis, du côté de la terrasse. Son costume est celui des enfants de Mahomet: un poignard pend à sa ceinture; son aspect nous a rappelé les images funèbres de cette nuit désastreuse. Est-ce un ennemi qui nous poursuit? Viendrait-il te déclarer la guerre?

NICÉPHORAS.

Comment l'a-t-on laissé pénétrer sans mon ordre?

LE CHOEUR.

Seigneur, le voilà qui vient à toi, ô ciel! protège nous; protège le vieillard et les faibles enfants.

SCÈNE VII.

Les précédents, MUSAKI, accompagné d'un serviteur.

NICÉPHORAS.

Qui es-tu? Que viens-tu faire ici? Qu'apportes-tu? la paix ou la guerre?

MUSAKI.

Seigneur, la guerre t'environne de toutes parts : j'ai traversé pour venir jusqu'à toi, des ennemis acharnés qui bientôt seront au pied de ton château ; la campagne en est couverte.

NICÉPHORAS.

Et c'est de leur part que tu viens? C'est la première fois que je vois un turban dans ces lieux.

MUSAKI.

Seigneur, il ne va pas plus à ma tête qu'à la tienne ! (Il jette son turban à terre et le foule aux pieds.) c'est un chrétien qui te parle...... Écoute, le temps presse... Je suis envoyé par le prince Scanderbeg. Il sait que les Turcs veulent s'emparer de tous les points fortifiés des frontières de l'Albanie : lui il rassemble une armée ; dans quelques jours il sera prêt à marcher; mais, dans quelques jours seulement. Il envoie son serviteur Musaki porter ses ordres à tous ceux qui, comme toi, soutiennent la sainte cause de la patrie... Tiens bon ; c'est un premier assaut qu'il faut repousser. Dans trois jours le prince arrive, et la victoire, tu le sais, est fidèle à ses drapeaux. Depuis deux jours je n'ai pas goûté une heure de repos. Malgré ce déguisement que j'abhorre, ma route a été semée de dangers. Plusieurs fois j'ai eu à lutter contre nos ennemis; tout à l'heure encore, poursuivi jusqu'en vue de ton château, je n'ai sauvé mon message et ma vie, que par la vigueur de mon bras et la vîtesse de mon cheval. Mais je ne sens pas la fatigue; j'ai trouvé partout des hommes de cœur, et le Turc paiera cher ma sueur et mes veilles.

NICÉPHORAS (lui prenant la main).

Brave Musaki, ce n'est pas ici non plus que tu trouveras des lâches... Ton message me remplit de joie; il était temps que nous entendissions parler de secours.

LE CHOEUR.

Mon Dieu, sois béni, toi qui prends soin de nous, dans notre malheur !

NICÉPHORAS.

Je n'attendais pas moins du généreux fils de Castriota.

LE CHOEUR.

Il est la terreur de l'infidèle, le roi que l'Albanie s'est choisi. Son œil est toujours ouvert; son bras, toujours armé; le Turc le trouve partout devant lui.

MUSAKI.

Seigneur, quels sont ces enfants?

NICÉPHORAS.

Ils sont encore bien jeunes; cependant, à leurs paroles, tu dois reconnaître des sujets de Scanderbeg.

MUSAKI.

Ce sont des Albanais? Qui les amène en ces lieux? Pourquoi ont-ils quitté leurs pères et leurs mères en un pareil moment?

LE CHOEUR.

Quand l'autour aux serres cruelles se montre dans les airs, le petit de la colombe cherche un refuge sous l'aile de sa mère; et quand l'oiseau farouche a ensanglanté et détruit le nid maternel, si la couvée échappe, elle va où la pitié l'accueille.

NICÉPHORAS.

Puisque tu as traversé la plaine, tu as dû voir leurs chaumières en cendres et le sol rougi du sang de leurs proches, sur les bords du lac.

MUSAKI.

Infortunés!

LE CHOEUR.

Les maux les plus cruels de la guerre, ne sont pas pour ceux qui périssent; mais pour ceux qui restent.

MUSAKI.

Vous serez vengés. C'est moi qui me charge de vous susciter des vengeurs.

NICÉPHORAS.

Ami, je ne souffrirai pas que tu quittes ma demeure sans y avoir goûté l'hospitalité : après de telles fatigues, et sur le point d'en supporter de nouvelles, il faut donner à ton corps quelques moments de repos.

MUSAKI.

Non, généreux Thomas ; ne cherche pas à me retenir.

NICÉPHORAS.

Avant de continuer ton périlleux voyage, tu ne refuseras pas, au moins, de nous instruire encore et de répondre à nos questions.

MUSAKI.

Parle, que veux-tu que je t'apprenne ?

NICÉPHORAS.

Tu viens de quitter le prince d'Albanie ; tu parcours la contrée ; tu dois savoir les bruits qui se répandent. Que dit-on de Constantinople ? Quelles nouvelles du siége ? Constantin est-il toujours digne de lui et de son pays ?

MUSAKI.

De ce côté, et c'est le plus important, je suis heureux de pouvoir le rassurer. On dit que les Turcs se lassent. Le Sultan épuise les promesses et les menaces. Il leur montre en vain le pillage de notre riche Byzance ; la cupidité même ne rend plus le courage à ses Turcs ; il ne s'attendait pas à trouver une résistance de cinquante jours. D'ailleurs la sagesse de Mahomet, si jamais il fut sage, semble maintenant se changer en folie. Pour interrompre le commerce et nous couper les secours, il a construit sur le Bosphore un ouvrage avancé dont les remparts et les bastions figurent le nom de son prophète, comme s'il eût voulu le graver profondément sur le sol. Mais sa fanatique superstition l'a mal inspiré, et ses bizarres remparts voient chaque jour les vaisseaux de Gênes et de Venise passer impunément devant eux, et braver le nom de Mahomet, dont il a en vain souillé nos rivages. Il fait aussi construire à grands frais des machines monstrueuses, que des Hongrois ont eu le courage d'inventer contre nous, mais qui, jusqu'ici, grâce au ciel, n'ont été funestes qu'aux traîtres. A un de ses premiers essais, le gros canon a éclaté et a tué ses inventeurs. Dieu ne les oublie pas ; c'est la foudre du ciel.

NICÉPHORAS.

Des traîtres, toujours des traîtres ! Les empereurs ont donné l'exemple ; c'est la trahison qui nous perdra. Cette fois, du moins, ce ne sont pas des Grecs.

MUSAKI.

Hélas! il faut bien que je te le dise, seigneur; jusque sur cette terre sacrée de la liberté, jusque dans les rangs de notre armée Albanaise, jusque dans la famille de Scanderbeg, l'ambition a fait des traîtres.

NICÉPHORAS.

Ciel! que dis-tu?

MUSAKI.

Un neveu du prince, le perfide Hamsa, a renié son Dieu, sa famille, sa patrie. Mahomet l'a créé Beg, et lui a donné un corps de troupes à commander. C'est lui qui ravage maintenant le pays; c'est lui qui a fait tant d'orphelins; c'est lui qui, sans doute, va vous attaquer bientôt; car il cherche à noyer ses remords dans le sang le plus fidèle.

LE CHOEUR.

O mes frères, le reconnaissez-vous, celui qui cette nuit, courut porter la flamme au temple du Seigneur? vous rappelez-vous ses traits farouches, ses yeux qui respiraient le carnage, et sa barbe dégoutante de sang? non, il n'est pas de monstres plus cruels que ceux qu'enfante l'impiété et la trahison.

NICÉPHORAS.

Quel coup pour le noble cœur de Castriota!

MUSAKI.

Je l'ai vu recevoir cette nouvelle. Elle n'a fait qu'enflammer son courage. L'indignation, comme d'ordinaire, a fait jaillir le sang de ses lèvres, quand il a juré qu'il vengerait cet affront. Aussitôt il a envoyé ses émissaires porter ses ordres sur tous les points de la frontière... Mais j'oublie moi-même que ma mission est loin d'être remplie. Adieu, seigneur; chaque instant que je perds peut coûter quelque défenseur à la liberté. Je te quitte. Courage! trois jours encore, et, avec l'aide de Dieu, le prince d'Albanie arrive sous tes murs.

NICÉPHORAS.

Que le ciel accompagne tes pas!

(Musaki sort.)

SCÈNE VIII.

LE CHOEUR, NICÉPHORAS, GEORGES, ANDIÉ, DÉMÉTRIUS.

DÉMÉTRIUS.

Enfants, vous avez tout entendu; allons tous jeter au pied de l'autel, et prier le Seigneur de ne pas abandonner sa cause.

NICÉPHORAS.

Je vous y suivrai, mes enfants. Démétrius, je réclamerai ensuite les soins de ton ministère. Il faut se préparer aux évènements, et l'âme est plus forte, quand elle n'a aucune raison de redouter la mort. (*Au chœur*), vous, jeunes enfants, restez ici. Que vos regards veillent attentifs sur la plaine, et, au moindre danger, venez nous avertir.

(Ils sortent.)

SCÈNE IX.

LE CHŒUR, seul.

Oui, considérons, considérons attentivement ces ruines, et la place où furent nos chaumières ! savourons nos peines à loisir; qui sait si nous pourrons jouir long-temps encore de ce triste bonheur ?

PREMIER DEMI-CHOEUR.

Au loin, dans la plaine, je ne vois rien qui m'alarme; çà et là, seulement, un nuage de poussière signale le passage de quelque cavalier que le butin a retardé.

DEUXIÈME DEMI-CHOEUR.

A en croire nos yeux, l'ennemi est loin; il fuit pendant le jour; courage, courage ! nous serons secourus, nous serons sauvés.

PREMIER DEMI-CHOEUR.

Mais silence ! plus près de nous, voyez quels épais tourbillons ! Est-ce le souffle du vent, sont-ce les pieds des chevaux qui soulèvent cette poussière ? Oh ! je vois reluire des éclairs ! c'est le reflet des armes, aux rayons du soleil ; ce sont nos ennemis. On dirait le nuage qui recèle la tempête ; il se déroule et semble grossir sans cesse, sillonné par les éclairs, prélude de la foudre.

DEUXIÈME DEMI-CHOEUR.

Ils se partagent maintenant nos dépouilles ; c'est le butin qui les tient encore rassemblés.

PREMIER DEMI-CHOEUR.

Mais les vis-tu jamais tenir la campagne avec tant de confiance ?

DEUXIÈME DEMI-CHOEUR.

Chasse la crainte ; les vautours se rassemblent ainsi près des cadavres ; et pourtant la vue d'un enfant les disperse.

PREMIER DEMI-CHOEUR.

Mais ne penses-tu plus au renégat qui les commande ?

DEUXIÈME DEMI-CHOEUR.

Eh ! ne vois-tu pas venir Scanderbeg à notre défense ? Ils ne l'attendront pas. Ils fuiront à son seul nom. Combien de fois déjà n'ont-ils pas fui la menace de son glaive ! Il est puissant, il est terrible le glaive de notre roi. Malheur à l'infidèle qu'il poursuit dans la mêlée. Depuis qu'il a retrouvé sa patrie et sa foi, les cimes de nos montagnes, les gorges de nos vallées retentissent de son nom et du bruit de ses victoires. Il a couvert d'ennemis les remparts de Croïa et d'Alessio ; la plaine de la

Mathia s'est abreuvée de leur sang; les eaux du Drin-Noir et du Drilo ont roulé leurs cadavres. Noble Scanderbeg, ils ne se doutaient pas, quand ils te nourrissaient pour l'Islam, qu'un jour tu foulerais aux pieds le turban; quand ils t'apprenaient à manier le cimeterre, quand ils te donnaient ce glorieux nom d'Alexandre, ils ne savaient pas contre qui ces armes et ce nom se tourneraient un jour.

PREMIER DEMI-CHOEUR.

Je sens renaître en t'écoutant la confiance qui s'échappait de mon cœur. Espérons, oui, espérons encore le salut de l'Albanie. Mais prions, aussi; la prière est le soutien de l'espérance; invoquons le Dieu pour la cause duquel nous souffrons; prions celle qui toujours s'est déclarée la protectrice de la Grèce, la Vierge secourable qui tant de fois a repoussé les Turcs des remparts de Byzance.

CHOEUR, *chanté*.

Espérance, appui de la vie,
Charme puissant de nos douleurs,
Oh! viens de la triste Albanie
Consoler un moment les pleurs.

Aujourd'hui, si, courbant la tête,
Elle succombe à ses malheurs,
Bientôt finira la tempête...
Déjà le calme est dans nos cœurs.

O Vierge, source d'espérance,
Entends la voix de notre enfance;
Dérobe au fer des Musulmans,
Et l'Albanie, et tes enfans.

FIN DU PREMIER ACTE.

ACTE DEUXIÈME.

SCÈNE I.

LE CHOEUR.

Mais, que vois-je? le fidèle Musaki revient vers nous; son front paraît troublé; si son cœur était accessible à la crainte, je croirais qu'il recule devant quelque danger. L'ennemi nous menacerait-il de plus près?

DEMI-CHOEUR.

Je tremble... mon cœur s'accoutume à la terreur, et dément, malgré moi, les paroles d'espérance que mes lèvres voudraient prononcer.

SCÈNE II.

MUSAKI, LE CHOEUR.

MUSAKI.

Amis, ne vous effrayez pas de mon retour précipité; dans la guerre, chaque jour, chaque moment amène des incidents nouveaux; je croyais ne vous revoir qu'au jour heureux de la délivrance, et je vous retrouve pressés de plus en plus par l'ennemi;

les avenues de la place sont gardées ; on paraît disposé à forcer les passages ; je ne dois pas songer à quitter le château pendant que le Turc épie tous nos mouvements. Mon message me commande la prudence.

LE CHOEUR.

Ainsi, le turban qui protégeait ta vie pour entrer au château, ne peut plus maintenant servir ta retraite.

MUSAKI.

Il devient inutile. Déjà, ce matin, les regards se sont arrêtés sur moi. On peut me reconnaître. Ma vie vaut quelque chose en ce moment... je me résigne à attendre la nuit dans ces lieux.

LE CHOEUR.

Reste avec nous ; ta présence nous rassure, brave Musaki ; l'heure du danger approche, tu es venu nous apporter l'espérance ; ta vue seule nous est un de sécurité.

DEMI-CHOEUR.

Nous nous serrons autour de toi comme de timides agneaux quand le loup dévorant sort de la forêt et vient fondre sur le troupeau ; et quelque chose de ton courage passe de ton regard intrépide dans nos cœurs défaillants.

LE CHOEUR.

Mais quels sont ces hommes qui s'avancent vers

nous? Sont-ce des Turcs? ou bien ce vêtement odieux qu'ils portent est-il encore un heureux stratagème qui nous amène des défenseurs?

MUSAKI.

Si mes yeux sont bien habitués à voir des Turcs en face, ce ne sont pas des chrétiens qui nous arrivent. Au surplus, les voilà à la portée de la voix. Celui qui veille à l'entrée du château les accompagne d'un air inquiet; sans doute ils n'avaient pas de mot d'ordre à donner.

SCÈNE III.

Les précédents, HASSAN suivi de son cortège, UN SERVITEUR.

HASSAN.

On se fait bien prier pour nous ouvrir ces portes qui vont tomber devant nous. (*Au serviteur.*) M'as-tu bientôt conduit à ton maître? (*Apercevant Musaki.*) Que vois-je? un turban? c'est toi, sans doute, qui commandes dans ces lieux; c'est la peur qui t'a fait prendre l'habit des vrais croyants.

MUSAKI.

Ta méprise ne me surprend pas; tu as raison; on trouve souvent la peur sous cet habit. Mais non, je ne suis ni un enfant de ton prophète imposteur, ni le maître du château. (*Au serviteur.*) Cours chercher Nicéphoras.

LE CHOEUR.

Ciel! leur langage, le son de leur voix me remplissent d'effroi ; l'injure est toujours sur les lèvres du guerrier, et l'injure appelle la colère.

HASSAN.

Qui es-tu donc, chrétien, pour oser insulter le prophète ?

MUSAKI.

Et toi-même qui es-tu, avant que je daigne te répondre ? Si tu viens en parlementaire, tu dois savoir que l'insolence ne peut se mettre à couvert sous le droit des gens ; si ce droit sacré ne te protége point, prends garde à tes paroles ; ce cimeterre me ferait justice sur l'heure ; il est habitué au sang de tes pareils.

HASSAN.

Tu ne peux porter la main sur Kara-Hassan, l'envoyé du grand Hamsa-Beg.

MUSAKI.

Soit... mais souviens-toi que ce n'est pas le nom d'un infâme renégat qui fait ta sauve-garde.

HASSAN.

Mais il me semble que tes traits ne me sont pas inconnus ; ce n'est pas la première fois que nous nous voyons.

MUSAKI.

Les Turcs m'ont vu de près plus d'une fois.

HASSAN.

C'est bien toi que mes trop justes soupçons ont arrêté ce matin dans la plaine.

MUSAKI.

Je te reconnais à mon tour. Oui, c'est moi qui t'ai désarçonné.

HASSAN.

Chien de chrétien, tu as fui devant moi !

MUSAKI.

Trêve de paroles; voici le maître du château.

SCÈNE IV.

Les précédents, NICÉPHORAS.

LE CHŒUR (à part).

O vieillard, tu viens à propos. Nous tremblions en voyant s'animer la fureur de ces deux guerriers ; mais la vieillesse est l'âge de la sérénité. Tu vas parler avec sagesse ; la couronne de cheveux blancs impose le calme aux discours.

NICÉPHORAS.

Quelles paroles viens-tu me porter ici? car la richesse de tes vêtements m'indique assez que c'est toi seul qui dois me parler; tes compagnons ne sont là que pour te faire honneur.

HASSAN.

Le grand, le noble, l'illustre Hamsa, que Dieu protége sa tête ! vainqueur d'Istarda de Bograd et d'Ochrida, maître de toute la campagne, te somme par ma voix de lui apporter, dans la plaine, les clés de ton château. A cette condition il daigne t'accorder sûre retraite et vie sauve.

NICÉPHORAS.

Rendre mon château !... mon sang bouillonne dans mes veines ! que lui répondre ? rendre mon château à un renégat ! ton maître n'a donc jamais entendu parler de Thomas Nicéphoras ! tu ne sais guère à qui tu parles.

HASSAN.

Quoi, tu songerais à te défendre ?

NICÉPHORAS.

Et tu as pu penser un instant que je me rendrais ?

HASSAN.

Je ne m'attendais guère à une pareille folie. Tu ne sais donc pas que tout le pays est ravagé ?

NICÉPHORAS.

Après que j'ai affronté des armées, une bande de brigands ne me fera pas peur.

HASSAN.

Chrétien, ne te fais pas illusion. Le sultan Mahomet est tout-puissant ; les brèches se multiplient sous ses coups, aux remparts de Byzance ; nous en sommes sans doute maîtres au moment où je te parle. Tu n'as pas affaire à des brigands. Deux mille hommes envoyés par Mahomet, sous les ordres de Hamsa sont au pied de ton château. Par pitié pour toi, ils venaient t'offrir la paix. C'est la guerre que tu veux ; tu auras la guerre. Nous nous rions de ta folle présomption.

NICÉPHORAS.

Et moi je me ris de vos menaces. Nous êtes une armée, dis-tu ; eh ! bien, il n'y aura que plus de gloire de notre côté. Mais, d'ailleurs, nous sommes plus forts que tu ne penses. Crois-tu que le prince de Croïa, le vainqueur de la Mathia, le fils de Jean Castriota, votre épouvantail, ne veille pas sur le château d'Acra ? Regarde, voilà son envoyé.
(Echange de regards entre les deux Turcs).
Le secours nous arrive, Scanderbeg est derrière vous... (*les Turcs se détournent*) tu trembles ?

HASSAN, bas, regardant MUSAKI.

Pourquoi m'as-tu échappé ce matin ? (*haut*) Nous ne lui laisserons pas le temps de venir. Si tu t'obstines, vieillard, avant la nuit ton château sera démoli, et sur ses ruines Scanderbeg, que Dieu le maudisse ! ne trouvera plus que ton cadavre empalé, debout au milieu de ceux de tes serviteurs. Nous vous laisserons dévorer aux corbeaux, et vos têtes sanglantes, envoyées au sultan, iront lui dire ta défaite et notre victoire.

NICÉPHORAS.

Mieux vaut mourir avec honneur que de donner la mort avec honte.

HASSAN.

Au nom de Mahomet, chrétien, au nom d'Hamsa....

NICÉPHORAS.

Ne souille plus mes oreilles du nom de ton maître... un traître subalterne ne me fera pas plier, quand la trahison couronnée et couverte de la pourpre a échoué devant moi.

HASSAN.

Pour la dernière fois, rends-toi.

NICÉPHORAS.

Pour la dernière fois, jamais !

HASSAN.

Je n'avais pas encore vu un si rude vieillard.

NICÉPHORAS (sortant).

C'est que tu n'avais jamais vu le défenseur de Philadelphie (*il sort*).

SCÈNE V.

LE CHOEUR, MUSAKI, HASSAN.

MUSAKI.

Eh bien, que tardes-tu ? Tu as sa réponse ; va donc la porter à ton maître. Apprends-lui, si tu veux que le château a un défenseur de plus ; dis-lui que ta lâcheté a laissé parvenir ici le messager du prince d'Albanie.

HASSAN.

Oui, je t'ai laissé passer ; ton cheval a des jarrets plus robustes que le mien.

MUSAKI.

Et il porte un cavalier plus solide que toi.

HASSAN.

Nous nous reverrons.

MUSAKI.

Oui, je t'attends bientôt sur la brèche.

HASSAN.

Par Mahomet, mon premier coup de sabre sera pour toi.

MUSAKI.

Et si Dieu m'est en aide, ce sera ton dernier (*le Turc part*). Lâches que vous êtes, il vous faut une armée pour écraser une poignée d'hommes ! Mais ne perdons pas le temps en paroles ; allons compter nos ressources et les heures qui nous restent à vivre.

(Il sort.)

SCÈNE VI.

LE CHOEUR.

Quand l'aigle farouche s'est enivré de carnage dans la plaine, élevé sur ses fortes ailes, il poursuit jusqu'au haut de la montagne la proie timide qui lui avait échappé. Nous pensions trouver ici un asile impénétrable, et l'ennemi cruel, comme un chasseur qui n'est jamais assouvi, s'est élancé pour nous atteindre. Quand le malheur s'est attaché à sa victime, il ne lui laisse plus ni repos ni trêve.

DEMI-CHOEUR.

Ainsi, à notre bienfaiteur, à celui qui tant de fois nous a donné la paix, nous apportons la guerre et ses horreurs. Déjà je vois s'armer, pour repousser une attaque furieuse, le vieillard à qui son âge et tant de glorieux combats devaient assurer le repos.

DEUXIÈME DEMI-CHOEUR.

Où trouvera-t-il des forces pour répondre à son courage ? Son âme est ardente encore, comme aux jours de la jeunesse ; mais son bras a perdu sa vigueur ; ses traits n'ont plus de force ; un lâche ennemi peut triompher d'une valeur que ne sert plus un corps affaibli par les ans.

LE CHOEUR.

Quand le chêne séculaire a perdu sa sève et que le temps a moissonné sa couronne de feuillage, ses rameaux desséchés peuvent encore offrir un abri à la timide colombe; mais l'orage qu'il affronta tant de fois, triomphe enfin de ses forces épuisées; il tombe, et dans sa chute il écrase le faible oiseau qu'il devait protéger.

SCÈNE VII.

NICÉPHORAS, MUSAKI, LE CHOEUR.

NICÉPHORAS.

Ainsi tu n'as pu sortir du château; nous sommes donc cernés de toutes parts?

MUSAKI.

Oui, la plaine est couverte de leurs soldats. Ils occupent toutes les avenues. J'aurais pu prendre le sentier détourné que tes serviteurs m'ont indiqué; mais il était difficile de me soustraire longtemps aux regards de l'ennemi. Je me suis rappelé que ma vie ne m'appartient pas; je me dois à mon message, et j'attendrai la nuit, dont l'ombre pourra couvrir ma fuite. En attendant, je réclame mon poste sur le rempart, et je rends grâces au ciel de pouvoir t'offrir un défenseur de plus.

NICÉPHORAS.

Eh bien, brave Musaki, je compte sur toi : je te

l'ai dit, nous sommes bien peu pour un si grand péril. Nous avons trente soldats dans le château ; plusieurs sont avancés en âge ; et moi, je ne suis plus, comme autrefois, plein de force et de vigueur ; mais je compte encore retrouver mon courage. Quand le moment de l'assaut viendra, tu me verras arborer sur cette tour l'étendard qui est en possession de se faire respecter par les Turcs. Je puis encore tenir un cimeterre et en faire sentir le poids à plus d'un ennemi... Mais enfin, Musaki, je t'ai montré toutes mes ressources ; tu sais maintenant sur quoi compter ; parle-moi franchement : as-tu l'espoir que nous puissions tenir jusqu'à l'arrivée du prince ?

MUSAKI.

Nous sommes peu nombreux, mais tes remparts sont en bon état. La position est forte ; la place est petite, et n'a pas besoin d'un grand nombre de soldats. Nous n'avons affaire qu'à des maraudeurs, à une armée sans discipline, habile au pillage, mais qui n'a jamais su faire un siége en règle.

NICÉPHORAS.

Tu oublies qu'ils ont à leur tête un capitaine qui sait la guerre. Le perfide Hamsa connaît, de plus, tous les alentours du château ; il y est venu plus d'une fois avec Scanderbeg, alors qu'il était fidèle.

MUSAKI.

Il ne sera pas le premier à qui l'infidélité aura

porté malheur. Ne comptes-tu pour rien le secours du ciel?

NICÉPHORAS.

Je n'espérerais plus, si je le comptais pour rien ; mais, crois-tu que le ciel fera un prodige pour défendre trente hommes contre une armée?

MUSAKI.

Le château n'est accessible que d'un côté; ils ne peuvent nous attaquer en masse; d'ailleurs, en pareils lieux, le nombre est un embarras au lieu d'être une chance de succès. Ne te souvient-il plus des Thermopyles!

NICÉPHORAS.

Oui, je me souviens que trois cents Grecs y furent ensevelis dans leur triomphe, et que pas un ne resta pour aller dire à Sparte leur sacrifice.

MUSAKI.

Eh! quoi! reculerais-tu devant un pareil exemple? N'as-tu pas montré toute ta vie le courage d'un Spartiate? Laisse-moi te le dire, Nicéphoras ; tes discours m'étonnent et m'affligent. Tu sembles hésiter!

NICÉPHORAS.

Musaki, ne doute pas de mon courage. Un pareil soupçon ne doit pas pénétrer dans ton cœur.

MUSAKI.

Pardonne ; je n'accuse ici que la vieillesse. Tu le

sais, pour le plus brave elle a des moments de faiblesse, et toi-même tu l'accusais tout-à-l'heure ainsi que moi.

NICÉPHORAS.

Musaki, je n'ai jamais connu la crainte ; ce serait commencer bien tard à trembler.

LE CHOEUR.

Le poids des armes ne fait-il pas quelquefois trembler le vieillard? mais son cœur, pourtant, n'a pas changé.

NICÉPHORAS.

Non, enfants, il n'a pas changé, il ne changera pas ; et, si j'appelle le secours, ce n'est pas que je balance à m'ensevelir sous les ruines d'Acra. Après une vie glorieuse, je ne puis trouver un plus glorieux tombeau. (*A Musaki.*) Mais ces pauvres enfants à qui j'ai tant de fois sauvé la vie, et qui sont venus encore chercher près de moi un refuge ; mes deux fils, Musaki, bien jeunes encore pour partager notre gloire, crois-tu que mon cœur ne saigne pas de les voir partager en vain nos périls ? Quelques jours plus tard, ils partaient sains et saufs pour la terre hospitalière. Ils n'auraient pas vu les derniers combats de la patrie ; ils n'en auraient pas été peut-être les inutiles victimes. Oui, ma famille va s'éteindre ; elle sera moissonnée dans ses dernières fleurs. J'ai laissé aux murs de Byzance mon fils aîné avec un de mes serviteurs. Autrefois, le fidèle Théodore venait de temps en temps m'apporter, de Manuel, des nouvelles qui charmaient mon cœur; maintenant nous ne le voyons plus. Manuel est-il vivant? Constantinople est-elle prise? Mon fils a-t-il péri sur la brèche? Là, du moins, la gloire compenserait la douleur.

LE CHOEUR.

Ainsi, ô notre bienfaiteur, tu pourrais demeurer seul sur la terre. Mais, que dis-je? avec toi va bientôt s'éteindre l'antique race des Nicéphoras; car, je le prévois, ton bouillant courage avancera l'heure de ton trépas. Mais au moins ta vie s'éteindra dans la gloire. Là, se rallumera le flambeau de ton nom, car la gloire aussi est une postérité.

NICÉPHORAS.

La vie d'un vieillard est peu de chose; elle est due au trépas, un souffle peut l'enlever; mais l'enfance, c'est une fleur à peine éclose. Ils auraient pu avoir de longs jours. Mon Dieu, au milieu des tempêtes, je les ai élevés pour ta gloire; les laisseras-tu périr?

MUSAKI.

Nicéphoras, tu as épanché ton cœur paternel. Maintenant, permets à un ami de te dire qu'il t'emporte trop loin. Non, tes fils ne périront pas; le Turc n'est pas si redoutable; je te réponds au moins des premiers assauts. Ce soir, je vole hâter le secours; les ennemis, repoussés dans la plaine, regarderont derrière eux... Tu les as vus trembler, tantôt, au seul nom de Scanderberg. D'ailleurs, ne te rappelles-tu plus que les Turcs sont découragés sur les rives du Bosphore ; que d'un instant à l'autre, la Hongrie peut occuper Mahomet avec toutes ses forces? Qui sait si notre prince n'apportera pas avec lui la nouvelle de notre délivrance?

NICÉPHORAS.

J'en accepte l'augure. Mon Dieu, quelle consolation tu aurais réservée à mes vieux jours !

SCÈNE VIII.

LE CHOEUR, NICÉPHORAS, MUSAKI, GEORGES ET ANDRÉ.

GEORGES.

Mon père ! Théodore, l'écuyer de Manuel !

ANDRÉ.

Il vient d'entrer au château par le sentier de la montagne.

NICÉPHORAS.

Théodore? il serait ici ?

GEORGES.

Il nous suit de près, tu vas le voir.

NICÉPHORAS.

Quelle nouvelle apporte-t-il ?

ANDRÉ.

Nous n'avons pas osé l'interroger : dès que nous l'avons aperçu, nous sommes accourus vers toi... mais tu le vois lui-même qui arrive.

LE CHOEUR.

Puisse son retour être heureux et nous apporter le salut ! Mais quel abattement règne sur ses traits ? Son air n'indique pas le messager d'une heureuse nouvelle.

SCÈNE IX.

Les précédents, THÉODORE.

NICÉPHORAS.

Théodore, je te revois donc enfin ; que vas-tu nous apprendre ? tout est-il consommé ? Nous reste-t-il encore quelque espérance ? Parle ; je désire et je tremble d'entendre ta réponse...

THÉODORE.

Nous n'avons pas perdu l'honneur ; mais c'est tout ce qui nous reste.

NICÉPHORAS.

Quoi ? le Turc serait dans Constantinople ?

THÉODORE.

J'ai assisté à la dernière nuit de l'empire ; j'ai presque vu son dernier jour. Quant à Manuel il est toujours digne de toi; je l'ai laissé auprès de notre magnanime Empereur, sur des murs croulants de toutes parts. Je t'apporte ses dernières paroles; c'est peut-être son testament de mort.

(Il lui remet un message).

LE CHOEUR.

Message funeste! inutiles espérances! malheurs irrémédiables!

MUSAKI.

L'ennemi a donc fait des progrès bien rapides?

THÉODORE.

Rien n'a pu lui résister. Le ciel a paru se déclarer contre nous.

MUSAKI.

Quoi! une ville ceinte de si fortes murailles, défendue de trois côtés par la mer.

NICÉPHORAS.

Brave Théodore, si la fatigue n'a pas épuisé tes forces, fais-nous connaître comment le ciel a trahi les derniers efforts de nos généreux défenseurs.

LE CHOEUR.

On aime dans la joie à prolonger le récit de son bonheur; dans le malheur aussi le cœur aime à savourer sa peine.

THÉODORE.

Ma fatigue n'est rien ; je l'oublie en vous voyant ; vous êtes les premiers amis à qui je puisse confier nos peines, depuis que j'ai quitté Constantinople. L'ennemi, d'ailleurs, occupe le pays que j'ai traversé, et il m'a fallu prendre un jour de repos et attendre que la nuit favorisât ma fuite.

Vous vous rappelez le dernier voyage que j'ai fait ici. Alors rien ne semblait se tourner contre nous. Pendant six semaines nous avons bravé la monstrueuse artillerie et la rage du sultan. En vain il nous menaçait du haut de ces remparts bizarres qui figuraient le nom de son prophète ; en vain, des rives du Bosphore, il cherchait à dominer la mer et à s'emparer de l'entrée du port ; en vain ses machines battaient nos murs. Chaque nuit réparait les brèches de la veille, chaque jour, à l'entrée du port, il voyait, en frémissant, s'abaisser pour des vaisseaux amis cette chaîne protectrice qui empêchait les siens d'y pénétrer. Mais un jour, une nouvelle sinistre, une nouvelle incroyable éclate tout-à-coup dans la ville. L'aurore, en se levant, avait découvert à nos regards stupéfaits, une flotte turque de soixante-dix voiles, qui semblait être descendue d'en haut et d'un seul coup dans le port.

NICÉPHORAS.

O ciel ! l'ennemi était donc parvenu à rompre la chaîne ?

THÉODORE.

Non ; le port était resté fermé ; c'est du ciel que la flotte ennemie semblait être descendue. Mais le mystère s'est bientôt éclairci. Le Sultan avait sa flotte appuyée à la rive gauche du Bosphore. La veille encore, elle était à l'ancre devant *Diplonkion*, et deux lieues d'un terrain inégal et coupé de ravins, la séparaient de nous. Mais, en une nuit, à force d'audace et de machines, l'indomptable sultan avait triomphé de tout, et sa flotte, traînée à travers les campagnes, avait passé du Bosphore dans le port. La postérité ne voudra pas le croire ; mais nous l'avons vu ; Constantinople l'a vu pour son malheur. A cette nouvelle, tout s'émeut dans la ville ; le désespoir est dans tous les cœurs ; une dernière catastrophe paraît inévitable.

Cependant, le sultan nous fait offrir une dernière fois la paix. Mais à quel prix ? Ce qu'il nous demandait, c'était la reddition de la ville.

L'empereur réunit son conseil ; on délibère ; on constate, avec effroi, qu'il ne reste plus que neuf mille hommes pour défendre la ville, six mille Grecs et trois mille étrangers ; et l'ennemi était dans le port, au pied des murs intérieurs.

NICÉPHORAS.

Et quel parti a pris l'empereur ? Je reconnais son courage, il n'a pas dû céder à la fortune contraire.

THÉODORE.

Il a repoussé avec indignation l'idée d'acheter la vie au prix du déshonneur.

Le vingt-quatre mai, un immense cri de joie s'élevait de tous les rangs de l'armée turque; le sultan venait d'annoncer l'assaut pour le vingt-neuf. Dans l'intervalle, chacun se prépare à ce qui l'attend ; les uns au triomphe, les autres à la mort. La nuit qui a précédé ce terrible jour, les trompettes turques ont donné le signal d'une illumination générale dans le camp ; et sur tous les vaisseaux depuis les Blaquernes jusqu'à la Porte d'Or, brillaient ces feux sinistres dont la clarté était réfléchie par les rivages d'Asie et par Scutari. Nous étions entourés d'un demi-cercle étincelant, et toute la nuit retentit ce cri des infidèles mille fois répété : « Il n'y a d'autre » Dieu que Dieu, et Mahomet est son prophète. » Les barbares préludaient ainsi à leur triomphe. Alors du sein de la ville en deuil, sort un lugubre gémissement, une prière plaintive : *Kyrie eleyson, Kyrie eleyson*.....

Cependant, les portes de la basilique d'*Agia Sophia* s'étaient ouvertes. La foule s'y précipite, c'est son dernier asile. Bientôt l'empereur y entre avec ses principaux officiers... Manuel était à ses côtés... Il s'avance vers l'autel ; le cardinal Isidore célèbre les saints mystères. La messe achevée, l'empereur et ses officiers reçoivent la communion des mains du pontife. Puis, au milieu du silence et des prières ardentes qui occupent toutes les âmes, s'élève tout-à-coup la voix de l'empereur. Il venait de déposer sa couronne sur l'autel : « Peuple désolé, nous dit-il, » Dieu m'est témoin que ma vie toute entière vous » a été consacrée. Il ne m'a pas été donné de faire » votre bonheur ; je n'ai pu que retarder de quel- » ques jours le malheur qui va nous frapper. A ce » moment suprême, s'il en est parmi vous qui aient » à se plaindre de moi, je leur demande de me par- » donner, comme ils désirent que le père qui est au » ciel leur pardonne. » A ces mots les sanglots ont éclaté, les larmes ont coulé de tous les yeux, un murmure confus a couvert la voix de l'empereur, et je n'ai plus entendu que ces derniers mots qu'il a prononcés d'une voix émue, mais ferme : « Mettons « en Dieu notre confiance ; demain sera notre plus » beau jour. »

Manuel était là, près de lui. Pendant que la foule s'écoulait, il s'est approché de moi : « Fidèle Théo- » dore, m'a-t-il dit, c'est demain que nous offrons » notre dernier sacrifice. Je ne sais si le ciel pren- » dra ma vie ; je suis décidé à ne pas l'épargner, » puisqu'il l'a conservée jusqu'à ce dernier jour. Toi, » profite du moment de la nuit ; hâte-toi ; va trouver » mon père ; dis-lui que nous n'avons plus d'espé- » rance, que demain l'ennemi donne à nos murs un » dernier assaut. Si je survis à la prise de la ville, je » te suivrai de près ; mais, dis-lui qu'il ne compte » plus me revoir. Porte-lui mes dernières paroles : » Manuel se souvient des exemples qu'il lui a lais-

» sés ! » Et il me remit la lettre que vous venez de lire.

J'ai dû lui obéir. Je suis parti avant l'aurore; et après cinq jours de course pénible, à travers mille périls, j'arrive enfin près de toi pour remplir mon triste message.

NICÉPHORAS.

Mon dieu, tu imposes à mes derniers jours un cruel sacrifice. Donne-moi le courage de l'accepter et de le subir; mais si tu en demandes encore d'autres à mon sang, mon Dieu, je t'en conjure, commence par moi; puissé-je ne pas voir couler le sang des miens !... Tu comprends Théodore; tu as dû voir notre position...

A notre tour, mes amis, allons nous préparer à nos derniers moments; allons nous réunir aussi près de l'autel; allons y prendre ensemble l'antique drapeau, gloire de mon exil, et arborons-le à la grande tour.

(Ils sortent.)

SCÈNE X.

LE CHOEUR.

Ainsi, va flotter à la tour d'Acra, ce drapeau signal de détresse, qui, depuis quelque temps s'était replié tranquille à l'ombre du sanctuaire. Une épouse fidèle le travailla jadis de ses mains habiles, pour la gloire d'un époux guerrier. Longtemps, gage de fidélité et d'honneur sans tache, il flotta sur les murs que défendait un héros au courage indompté, à la loyauté sans reproche. Depuis, monument de sa noble résistance, chaque fois qu'il apparaît au sommet d'Acra, il rappelle à la contrée l'exemple d'un généreux dévouement, et il invite les nobles cœurs à venir partager ses nouveaux périls.

Mais aujourd'hui, à qui s'adressera cet appel ? L'ennemi a moissonné nos guerriers ; la plaine est déserte ; le Turc seul le verra, et cette vue redoublera sa fureur. Après les pères, ils viendront immoler les enfants... Dieu ! si jeunes encore, qu'elle est déjà longue l'histoire de nos malheurs !

PREMIER DEMI-CHOEUR.

Déplorable Albanie, terre plus déplorable encore de la Grèce, Byzance, reine des cités, le deuil et la mort t'environnent. Comment l'infidèle a-t-il brisé ta couronne de remparts ? Comment a-t-il pénétré dans ton port sans que ses vaisseaux fussent portés par les flots ?

DEUXIÈME DEMI-CHOEUR.

La nuit les a vus déployer leurs voiles pour franchir les vallées et les montagnes. Ils ont ouvert à leurs vaisseaux une route inconnue aux navigateurs ; mer semée d'écueils, sentiers pleins de labeurs, qui les ont amenés jusques au sein de la ville endormie dans la sécurité.

CHOEUR CHANTÉ.

Byzance, ô reine des cités !
A l'abri de tes murs vainement tourmentés,
Tu reposais tranquille en cette nuit cruelle ;
  Mais, au réveil, quelle frayeur mortelle,
    Quand tes regards épouvantés
  Virent la mort assise à tes côtés !

UNE VOIX.

  Perfide nuit, réveil funeste,
  Byzance, ô reine des cités ;
D'un empire englouti, triste et précieux reste,
Que d'ennemis sur toi se sont précipités !

LE CHŒUR.

O Dieu de Constantin, donne lui la victoire ;
Il défend sa patrie, il combat pour ta gloire.
Rappelle en sa faveur tes antiques bontés.

FIN DU SECOND ACTE.

ACTE TROISIÈME.

SCÈNE I.

LE CHOEUR.

Mais, silence ! Qu'entends-je ? Le bruit sinistre de la trompette, prélude du combat... Pourquoi ces terribles accents ? Voyez ! les ennemis dispersés dans la plaine se rassemblent plus près de nous. Dieu ! plus le moment approche, plus je sens mon cœur frémir et défaillir de crainte. Les forces de nos braves défenseurs vont être mises à l'épreuve... Encore, encore la trompette menaçante... Dieu protecteur, sauve-nous !

SCÈNE II.

NICÉPHORAS, THÉODORE, MUSAKI, LE CHOEUR.

La trompette sonne encore pendant qu'ils arrivent.

NICÉPHORAS.

L'entendez-vous ? l'assaut se prépare ; c'est sans doute un appel pour former les bataillons.

MUSAKI.

Oui, avant une heure nous les aurons sur les

bras; leur principale attaque sera dirigée du côté de la terrasse; c'est là qu'il faut surtout concentrer la défense.

NICÉPHORAS.

Musaki, je te charge de ce soin; va choisir les plus résolus de mes serviteurs, et tu te porteras avec eux là où le danger doit être le plus grand. Toi, Théodore, cours apprêter mes armes. Mon corps affaibli ne peut longtemps d'avance se fatiguer de leur poids; mais voici le moment où je dois m'en charger encore, peut-être pour la dernière fois.

(Musaki sort par la terrasse, Théodore rentre au château.)

SCÈNE III.

LE CHOEUR, NICÉPHORAS.

Mon père, ton courage est plus grand que tes forces. Les armes du guerrier sont trop lourdes pour tes bras affaiblis; ne t'expose pas inutilement au danger. Qui nous défendra si l'ennemi cruel nous enlève notre dernier appui? Reste pour nous, reste pour tes fils qui ne connaissent point encore les armes homicides.

NICÉPHORAS.

Enfants, l'heure du danger appelle d'autres conseils. Je veux vous sauver; je veux sauver mes fils : cette pensée soutient mon courage; priez Dieu de soutenir mes forces

SCÈNE IV.

LE CHOEUR, NICÉPHORAS, MUSAKI, SOLDATS.

MUSAKI.

Seigneur, j'ai proposé à tous le poste le plus périlleux ; tous demandaient à m'y suivre ; j'ai choisi ceux en qui la force servira mieux le courage.

NICÉPHORAS, aux soldats.

Braves serviteurs, vous n'ignorez pas où vous allez ; c'est peut-être à la victoire, c'est sûrement à la mort. Offrez à Dieu, pour qui vous combattez, le sacrifice de votre vie. Je serai là aussi ; je veux encore une fois vous donner l'exemple. Au-dessus de nos têtes flotte le drapeau que nous avons juré de défendre. Jamais le Turc ne l'a souillé de sa main profane ; souvenez-vous qu'il doit rester sans tache.

LES SOLDATS.

Nous l'avons tous juré ! nous le défendrons jusqu'à la mort.

(Musaki les emmène.)

SCÈNE V.

NICÉPHORAS, LE CHOEUR.

LE CHOEUR.

Le drapeau de guerrier, c'est le symbole de la patrie. Quand il flotte sur la plaine, au-dessus des bataillons, c'est sur lui que se dirige l'œil ardent du soldat ; c'est par lui qu'il est conduit à la victoire, et, quand il faut mourir, celui qui succombe en le défendant, est heureux de s'en faire un linceul.

SCÈNE VI.

NICÉPHORAS, GEORGES, ANDRÉ, DÉMÉTRIUS, LE CHOEUR.

GEORGES.

Quoi, mon père, vous voulez prendre les armes ?

ANDRÉ.

Mon père, nous vous en conjurons, n'exposez pas votre tête chérie à l'outrage et aux blessures.

DÉMÉTRIUS.

Brave Thomas, écoute aussi ma voix ; tu le sais, c'est la voix d'un ami ; renonce à prendre les armes. Le ciel en t'envoyant deux défenseurs sur lesquels tu ne comptais pas, te dit assez qu'il ne veut pas que tu t'exposes.

NICÉPHORAS.

Laissez, laissez ; ce n'est pas l'heure de la prudence. Si je peux vaincre encore, pourquoi m'en empêcher ; et si je dois mourir, où voulez-vous que meure un vieux soldat, si ce n'est sur la brèche, les armes à la main ?

LE CHOEUR.

Ainsi partout où se portent mes regards, j'aperçois l'appareil de la guerre. Mais quelle lutte inégale! D'un côté, une poignée de guerriers, de l'autre une armée formidable, des bataillons nombreux qui couvrent la campagne comme les épis au moment de la moisson...

Mais quel est ce guerrier qui s'avance seul dans la plaine? Le voilà qui s'ouvre un chemin à travers les bataillons ennemis; la terreur le précède; son coursier soulève la poussière sous ses pas, et semble écraser tout ce qui s'oppose à lui.

Je le vois qui gravit la montagne; un panache sanglant s'agite sur sa tête; son coursier frémissant est couvert d'écume et de poussière... Maintenant, le sentier qui se détourne derrière les rochers, le dérobe à nos regards. Serait-ce un défenseur de plus que le ciel nous envoie?... Quelques cavaliers le poursuivaient; les voilà qui regagnent la plaine.

NICEPHORAS, qui a longtemps examiné.

Ciel! Qu'ai-je vu? Serait-il possible?.. Vite au pont-levis... Courez au pont-levis...

(Il est sur le point de s'évanouir.)

GEORGES.

Mon père! Quel effroi! Qu'y a-t-il? Ah! soutenez-le!

(Nicéphoras fait des gestes vers l'entrée de la terrasse.)

ANDRÉ.

Que nous va-t-il arriver?

DÉMÉTRIUS.

On donne le signal... On baisse le pont... A qui livre-t-on passage? Ciel! qui entre au château?

GEORGES ET ANDRÉ.

Manuel! Manuel!

NICÉPHORAS, avec effort.

Mon fils!

SCÈNE VII.

LES PRÉCÉDENTS, MANUEL.

NICÉPHORAS.

Manuel! Mes yeux m'ont-ils trompé? Est-ce bien toi, mon fils, que je revois?

MANUEL.

Oui, mon père; c'est Manuel qui vous serre dans ses bras.

(Ils s'embrassent.)

Je vous revois, mais quel jour pour nous revoir!

NICÉPHORAS.

Parle, mon fils... Constantinople!...

MANUEL.

Qu'est-il besoin que je vous le dise? Constantinople n'est plus... Vous ne me reverriez pas ici.

NICÉPHORAS.

Ah! ciel; tout est fini.

GEORGES ET ANDRÉ.

Nous n'avons plus de patrie !

LE CHOEUR.

Dernier coup ! terrible catastrophe ! Terre infortunée de la Grèce ! Malheur inutilement prévu !

DÉMÉTRIUS.

C'en est donc fait, mon Dieu ! tu as consommé ta trop juste vengeance.

MANUEL.

Oui, Démétrius, vous l'avez dit ; la vengeance du ciel était sur nous. Constantinople a mérité son sort ; elle n'était pas digne de la poignée de héros qui se sont sacrifiés pour elle.

Six mille Grecs assiégés par terre et par mer, ont tenu pendant sept semaines contre deux cent cinquante mille infidèles. Pas un Grec de plus n'est venu mourir avec nous; trois mille étrangers seulement ont grossi nos rangs. Ils nous ont vendu leur secours à prix d'or ; le trésor épuisé de l'empire n'a pu rien faire ; c'est la généreuse pauvreté de notre magnanime empereur qui a acheté leur fidélité douteuse ; et cependant, j'ai vu les riches, les nobles de la ville, enfouir leurs trésors, qui nous auraient sauvés et qui les auraient sauvés avec nous. Pendant que l'ennemi nous pressait de toutes parts, j'ai vu la guerre du schisme régner par toute la ville et jusque dans nos temples. Les Grecs maudissaient la réunion et désertaient les églises en haine des Latins. Je les ai vus outrager Dieu jusque dans son sanctuaire, lui disputer l'hommage de la prière, enfin, préférer hautement l'esclavage avec l'empire de l'infidèle, au salut avec l'aide des Latins.

Eh bien! ils sont contents; leur vœu est satisfait; Dieu leur a donné la honte et les fers qu'ils ont demandés.

NICÉPHORAS.

Ainsi, tout a été inutile; les héroïques exemples de l'empereur n'ont pu ressusciter l'antique amour de la patrie. Et qu'est devenu Constantin? On dit qu'on t'a vu près de lui dans cette nuit solennelle, où sa voix a essayé vainement de relever ces cœurs dégénérés. Cette nuit a-t-elle été la dernière de l'empire?

MANUEL.

Quoi donc! vous avez vu Théodore? Il a pu parvenir jusqu'à vous? Je n'espérais plus le revoir, tant j'ai couru de dangers moi-même.

NICÉPHORAS.

Oui, mon fils, il est ici; il nous a tout raconté. Mais achève. Comment t'es-tu sauvé? Comment l'ennemi a-t-il pénétré dans la ville? Raconte-nous nos derniers malheurs.

MANUEL.

L'histoire n'est pas longue, mon père, mais elle est lamentable.

Le vingt-neuf mai, quelques heures avant le dernier assaut, je venais de vous dépêcher Théodore, quand je retournai près de l'Empereur. En sortant d'*Agia Sophia*, Constantin nous ramena à son poste accoutumé, près de la porte de *Saint-Romanus*. Lorsque vint le jour, la ville toute entière apparut entourée par les Turs comme par une corde qui allait être serrée pour l'étouffer. Un bruit effroyable de cors, de trompettes et de timbales, mêlé aux hurlements des assaillants, remplissait les airs. Toutes les batteries tonnèrent à la fois, et en même temps commença l'attaque sur tous les points. Pendant deux heures on lutta sans que l'ennemi fît aucun progrès. Mahomet faisait pousser en avant les assaillants à coup de baguettes de fer et de nerfs de bœuf; lui-même encourageait, menaçait et appuyait ses menaces de sa massue de fer. Le feu grégeois ruisselait des murs jusque dans la mer; les échelles se brisaient; les feux de l'artillerie se croisaient; nous étions enveloppés dans une épaisse vapeur de poudre. J'étais sur la brèche à côté de l'empereur; il nous encourageait de sa parole et de son exemple. Mais les Turcs nous gagnaient, la mort était partout. Près de nous, Justiniani, le vénitien, brave et fidèle jusque-là, tout-à-coup a reculé devant la mort : il ne défendait pas sa patrie. Une flèche venait de l'atteindre au bras; pour aller faire panser cette légère blessure, il se fait dégager par l'empereur couvert de sang; il s'échappe vers Galata, oubliant sa gloire passée et sa honte future. Son absence fait brèche·

les Turcs se précipitent; l'empereur est séparé de moi; je l'entends demander un chrétien pour lui couper la tête; je m'élance de son côté, il avait disparu dans la mêlée. En ce moment, un coup violent me renverse évanoui sur un monceau de cadavres... Quand je me relevai, j'étais seul sur la brèche, la ville était prise; la porte de Bois, la porte de Saint-Romanus vomissaient des flots d'ennemis. Alors, mon père, j'ai pensé à vous, j'ai pensé que si la Grèce n'était plus, j'avais un père à consoler et à défendre. Et j'allais quitter nos remparts pour venir vous trouver, mais avant d'abandonner, peut-être pour toujours, cette terre sacrée, un devoir me restait à remplir. Je me suis rappelé que j'abandonnais aussi le tombeau de ma mère, et que je lui devais un dernier adieu. L'asile des morts était encore tranquille; il n'y avait là rien à piller. O ma mère, tu t'es endormie au milieu des tiens sur la terre de ta patrie, et maintenant l'impur étranger va fouler tes cendres. C'est la dernière fois que ton fils s'agenouille près de toi, c'est la dernière fois que ses pleurs mouillent ta froide pierre, et je ne vais emporter d'ici que le souvenir d'une tombe. Ce signe rédempteur qui promettait le repos à tes cendres, va peut-être leur attirer la profanation. Ma mère! ah! que ne puis-je rester pour te défendre! Mais je me dois à mon père et à mes frères. Du haut de la grande patrie où tu nous attends, prie pour eux, prie pour moi, celui qui t'y reçut, prie pour les restes de la Grèce anéantie. — Alors je me relevai navré de douleur, mais plein de force ; j'aiguisai mon épée sur ce marbre qui allait être profané, et je lui jurai vengeance.

NICÉPHORAS.

Oui ! vengeance mon fils ! c'est pour la vengeance que Dieu t'a conservé la vie.

MANUEL.

Dieu m'est témoin que j'ai partout cherché la mort.

NICÉPHORAS.

Patience ! la mort nous entoure, et tu vas avoir encore à la braver.

MANUEL.

Oui, mon père ; je l'ai vu à mon arrivée.

GEORGES.

Comment as-tu pu même arriver jusqu'à nous.

MANUEL.

Je ne sais ; quand je me suis vu seul devant leurs bataillons, je n'ai su que penser ni que faire ; mais quand j'ai levé les yeux sur le château, j'ai aperçu le drapeau de détresse. Mon père appelait du secours ; je n'ai plus balancé, je me suis jeté tête baissée, et me voici.

NICÉPHORAS lui prend la main.

Oui, généreux fils, tu as bien fait ; nous mourrons ensemble.

MANUEL.

Nous vaincrons, mon père, nous ne mourrons pas ; ce n'est pas la première fois que le Turc fuit devant vous.

LE CHOEUR.

Ciel, sois béni ! toi qui nous envoies encore l'espérance avec un tel défenseur. Mais pour la troisième fois, la trompette sonne ; je vois l'ennemi qui s'ébranle et qui commence à gravir la montagne.

NICÉPHORAS.

Voici mes armes qu'on m'apporte.

SCÈNE VIII.

Les précédents, THÉODORE.

THÉODORE.

Vous ici, seigneur Manuel ! Que le ciel soit béni... Ainsi donc...

MANUEL.

Oui, Théodore, tout est fini.

NICÉPHORAS.

Oui, tout est fini à Constantinople; mais ici, tout recommence. Donne-moi mes armes.

MANUEL.

Y pensez-vous, mon père?.. A votre âge?.. Vous voulez combattre?..

NICÉPHORAS.

Vois-tu ce drapeau qui flotte au-dessus de la tour. C'est la première fois qu'en un pareil moment je resterais simple spectateur du danger!

MANUEL.

Mon père, c'est le drapeau de la famille, à moi maintenant de le défendre. C'est pour vous remplacer sur la brèche que le ciel m'envoie ici.

NICÉPHORAS.

Personne ne m'y remplacera, mon fils ; je connais mon devoir, c'est à moi ici de donner l'exemple.

GEORGES.

Eh bien! mon père, nous vous suivrons au combat.

ANDRÉ.

Et nous ferons sous vos yeux nos premières armes.

NICÉPHORAS.

Non, enfants ; le péril est trop grand pour un coup d'essai. Je ne veux pas vous exposer à une mort certaine, vous, la seule consolation de ma vieillesse.

ANDRÉ.

Si vous tenez à notre vie, conservez-nous la vôtre. Rien ne nous arrêtera si vous nous quittez.

NICÉPHORAS.

Enfants, accepteriez-vous à ma place le conseil que vous me donnez ?

MANUEL.

Eh bien ! mon père, ce n'est plus un conseil, c'est une prière que je vous adresse, c'est une grâce que je vous demande, au nom de ma mère à qui j'ai juré de vous défendre, au nom de mes frères à qui vous vous devez encore.

GEORGES ET ANDRÉ.

Oui, mon père, conservez-vous pour nous !

MANUEL.

Mon père, vous me devez quelque chose aujourd'hui.

NICÉPHORAS.

Vous le voulez, mes enfants. Je n'avais plus que

mon courage. Vous vous adressez à mon cœur pour l'affaiblir; devant votre prière je sens qu'il ne me reste plus rien de moi-même. Il faut donc céder, Démétrius!

DÉMÉTRIUS.

Cède, le ciel t'en fait un devoir; tu as fait beaucoup pour ta patrie; tu te dois aussi à ta famille.

THÉODORE.

Oui, demeurez, mon noble maître, nous sommes assez nombreux pour la défense. Mais j'entends plus près de nous la trompette ennemie; volons à notre poste.

MANUEL.

J'y cours avec toi. Mon père, reste avec ces enfants : ils ont besoin que ta présence les rassure.

SCÈNE IX.

LE CHOEUR, NICÉPHORAS.

LE CHOEUR.

Reste vieillard, reste près de nous; nous savons trop ce qu'il en coûte de larmes quand la guerre a moissonné les pères, et que les enfants sont orphelins. Nos pères sont morts pour nous défendre. Toi, ne nous abandonne pas. Entends-tu déjà le bruit de la mêlée, le cri des combattants, le choc des armes meurtrières? O Dieu! il me semble reconnaître la voix farouche d'Hassan; sans doute l'épée de Musaki cherche la sienne. Il me semble voir les deux guerriers lutter corps à corps. Courage, brave chrétien; l'infidèle est le plus vaillant en paroles, mais les coups du chrétien sont redoutables.

QUELQU'UN EN DEHORS.

A Manuel! les lâches! trois contre un! frappé! frappé!...

NICÉPHORAS.

Vieillard, entends-tu le nom de ton fils?

NICÉPHORAS.

Manuel!.. mon fils!.. je vole à sa défense!

GEORGES ET ANDRÉ.

Mon père, mon père, que faites-vous?

LE CHOEUR.

Que va-t-il faire? il est hors de lui? son bras n'est point armé, sa poitrine est sans défense, rien ne protège sa tête. Voilà ses armes; son désespoir ne le sauvera pas.

DÉMÉTRIUS.

Prenons ces armes, mes enfants; portons-les à votre père s'il en est temps encore.

(Ils sortent.)

SCÈNE X.

LE CŒUR, SEUL.

Ciel sauve notre dernière espérance. Mais il est déjà sur la brèche. Entendez-vous, les cris redoublent ; sans doute on s'acharne autour du vieillard.

CŒUR *chanté.*

UNE VOIX.

O bruits affreux, clameurs funestes,
La guerre allume ses fureurs ;

LE CHŒUR.

De nos généreux défenseurs
Laisseras-tu, mon Dieu, périr les restes.

UNE VOIX.

Entendez-vous le choc des boucliers.

UNE VOIX.

Le fer heurte le fer, la menace accompagne
Les coups terribles des guerriers.

UNE VOIX.

Sous leurs pas frémit la montagne,
Tout résonne d'un bruit de mort ;
On décide de notre sort.

CHOEUR.

O mon Dieu, serons-nous la proie
De ces barbares musulmans ;
Ils n'ont pas de plus douce joie
Que de rougir leurs mains du *sang de tes enfants.*

UNE VOIX.

Mais le combat s'apaise; amis, faites silence,
L'infidèle est-il repoussé?
Faut-il de mon cœur oppressé
Bannir la crainte, ou l'espérance?
Peut-être, ô ciel, vers nous s'avance
Le Turc vainqueur au *regard courroucé.*

UNE VOIX.

Mais non; voyez, il descend la montagne,
A pas pressés, il fuit vers la campagne;
Il menace en fuyant; inutile courroux;
Amis, la victoire est à nous.

SCÈNE XI.

LE CHOEUR, THÉODORE.

LE CHOEUR.

Théodore, quelle nouvelle nous apportes-tu? Tu viens du combat? N'avons-nous plus rien à craindre? la victoire est-elle assurée?

THÉODORE.

Oui, nous sommes vainqueurs; déplorable victoire! C'est presque une défaite.

LE CHOEUR.

Que signifient ces paroles pleines de mystère? je tremble d'apprendre un grand malheur!

THÉODORE.

Tu l'apprendras trop tôt : la victoire nous coûte bien cher.

LE CHOEUR.

Mon Dieu ! des malheurs jusque dans la victoire. Dis-nous qui a succombé, sur qui avons-nous à pleurer encore !

THÉODORE.

Vois ce cortége qui s'avance.

LE CHOEUR.

Mes yeux cherchent à reconnaître les guerriers que j'ai vus partir pour le combat. Qui reverrai-je vivant? qui verrai-je frappé du coup mortel? est-ce le vieillard qui s'est offert courageusement en sacrifice? est-ce son fils généreux, l'intrépide défenseur de Byzance, qui aurait trouvé la mort sur ces remparts bien moins menacés? Sont-ce ces jeunes enfants qui n'ont jamais porté les armes, et que la mort aurait frappé au milieu des guerriers? Le brave Musaki aurait-il succombé sous le sabre d'Hassan ?

THÉODORE.

Non, Hassan a été tué... mais le bras de Musaki n'a pas été assez prompt. Hassan avait eu le temps de frapper le coup fatal. Regarde; tu peux reconnaître d'ici les traits décolorés de celui dont on soutient les pas chancelants.

SCÈNE XII.

LE CHOEUR, GEORGES, ANDRÉ, THÉODORE, MANUEL, MUSAKI. NICÉPHORAS, soutenu par des soldats.

LE CHOEUR.

C'est le vieillard! Ses enfants pleurent près de lui : une large blessure a déchiré sa poitrine! O notre généreux défenseur, pourquoi n'as-tu pas écouté ma prière!... Son regard s'éteint! il paraît défaillir! Reposez ici un instant ses membres épuisés.

ANDRÉ.

Mon père, ouvre les yeux, reconnais tes enfants. Ce sont eux qui sont près de toi. Ils voudraient encore entendre ta voix.

LE CHOEUR.

Le voilà qui se ranime. Silence! Il va parler.

NICÉPHORAS.

Mes enfants, où êtes-vous? Manuel est-il sauvé? Le Turc est-il en fuite?

MANUEL.

Mon père, c'est Manuel qui vous serre la main ; nous sommes vainqueurs, mais quelle victoire ! C'est moi qui devais protéger votre vie, et c'est vous qui sauvez la mienne aux dépents de vos jours. Mon père, cette blessure m'était destinée, pourquoi l'avez-vous reçue !

NICÉPHORAS.

Vis de longs jours, mon fils ; protége tes frères. Pour moi, ma carrière est remplie ; c'est maintenant à toi de leur servir de père. Démétrius, continue de guider leur jeune âge et de les former à la vertu. La Grèce ne leur offre plus d'asile assuré. Pars avec eux pour l'Italie, comme nous en sommes convenus. Toi, Manuel, Scanderbeg te réclame. Va soutenir avec lui ce qui reste encore de la patrie. Enfants, restez fidèles à ma mémoire ; conservez l'héritage de la famille, l'honneur, la piété, la vertu... Mais je sens que mes forces m'abandonnent ; approchez mes enfants. Dieu a reçu déjà ma dernière prière ; Démétrius m'a réconcilié une dernière fois avec lui. Avant d'aller à lui, il ne me reste plus qu'à vous bénir... (*Les enfants s'approchent et s'agenouillent près de leur père*). Au nom du Ciel où je vais, au nom du Dieu qui m'appelle, que j'ai servi fidèlement, et que vous servirez toujours... Je vous bénis... Adieu.

MANUEL.

Ciel! il expire.....

LE CHOEUR.

Heureux l'enfant qui a pour héritage la bénédiction paternelle. Il n'est pas tout-à-fait orphelin sur la terre où son père a été moissonné par les combats.

FIN DU TROISIÈME ET DERNIER ACTE.

ÉLÈVES DE PHILOSOPHIE.

(ANNÉE 1843-1844).

..... *Meminisse juvabit.*

Gustave d'AMÉCOURT.
Jules AMILHAN.
Charles AUBIN.
Anatole AUGRAIN.
Paul de BAUDICOUR.
Jules BERNARD.
Robert du BOUCHAGE.
André de la BOUILLERIE.
Philippe de BROSSARD.
Auguste de CHABOT.
Gustave de CHAPUYS-MONTLAVILLE.
Henri de la CHEVASNERIE.
Raymond de COSTART.
Léon GOSSIN.
Pèdre GOSSIN.
Hippolyte de GRAINVILLE.
Léon MAYAUD.
Charles SAILLARD.
Léon de SAUNHAC.
Maxime STOUFFLET.

Imprimerie de DELACOUR et COMP., rue de Sèvres, 94, à Vaugirard.

www.ingramcontent.com/pod-product-compliance
Lightning Source LLC
LaVergne TN
LVHW050607090426
835512LV00008B/1371